Christina Björk · Lena Anderson
Die schnellste Bohne der Stadt

Christina Björk, 1938, und Lena Anderson, 1939, in derselben Gegend von Stockholm geboren, sind sich bei der Arbeit für eine Wochenzeitschrift begegnet. Sie stellten dabei fest, daß sie sich großartig ergänzen könnten, taten sich deshalb zusammen und entwikkeln seitdem ihre Projekte gemeinsam. Lena zeichnet, Christina schreibt. Daraus sind inzwischen viele Geschichten für das Kinderfernsehen und zehn Bücher entstanden, von denen schon zwei von der Royal Library of Sweden als schönste Bücher des Jahres ausgezeichnet worden sind. Mit dem vorliegenden Buch ›Die schnellste Bohne der Stadt‹ ist ihnen der große internationale Durchbruch gelungen, es kam auch in die Auswahlliste zum Deutschen Jugendliteraturpreis und stand auf der Empfehlungsliste »Der Bunte Hund«. Außerdem liegen in deutscher Übersetzung vor: ›Linus läßt nichts anbrennen‹, ›Linnéas Jahrbuch‹ (Deutscher Kindersachbuchpreis 1984) und ›Linnéa im Garten des Malers‹ (Deutscher Jugendliteraturpreis 1988). Alle Bände sind bei C. Bertelsmann erschienen.

Die schnellste Bohne der Stadt

Wir pflanzen Kerne, Samen
und Früchte

Text Christina Björk
Zeichnungen Lena Anderson

Aus dem Schwedischen
von Angelika Kutsch

C. Bertelsmann

Die Originalausgabe erschien
unter dem Titel »Linnéa planterar« bei
Raben & Sjögren Bokförlag, Stockholm

2. Auflage 10/90
© Lena Anderson und Christina Björk 1978
Alle deutschen Rechte bei
C. Bertelsmann Verlag GmbH, München 1980
Aus dem Schwedischen von Angelika Kutsch
Umschlaggestaltung: Lena Anderson
Layout: Lena Anderson und Christina Björk
Gesamtherstellung: Kösel, Kempten
ISBN 3-570-20001-9 · Printed in Germany

Danke

Wir danken Björn Berglund,
der uns sachlich beraten hat, Stig Landell,
dem Vorsteher des Samenhandels,
den wir gefragt und gefragt haben, und
wir danken Nicolina Anderson, 13 Jahre alt,
die uns geholfen hat, zu pflanzen und zu
gießen, seit sie 8 Jahre alt ist.

Hallo!

Linnéa – das bin ich

Ich mag Blumen. Und Blätter und Stengel und Samen und Kerne. Ja, alles, was wächst, mag ich. Deswegen gefällt mir auch mein Name. Ich heiße Linnéa nach einer Blume, einer kleinen rosa Blume, die im Wald wächst.

CARL VON LINNÉ MIT EINER LINNÉA IM KNOPFLOCH

Und die Blume Linnéa heißt so nach Carl von Linné. Er hatte Blumen auch gern, und deswegen hat er alle Blumen, die er fand, untersucht. Und dann hat er alles in einem großen Buch aufgeschrieben. Er gab allen Blumen lateinische Namen.

Linnéa hatte er am liebsten, und
deswegen wurde sie nach ihm genannt: Linnéa. Ihr Nachname ist
Boreàlis. Das bedeutet, daß sie im
Wald wächst.
Aber ich bin keine Waldblume (ob-
wohl ich Linnéa heiße), ich bin eine
Asphalt-Blume. Ich wohne mitten
in der Stadt, und hier gibt es weder
Wälder noch Wiesen. Aber bei mir
wächst trotzdem etwas. In Töpfen
und Kästen und Dosen – fast überall wächst etwas bei mir zu Hause.

SO SIEHT
DIE BLUME LINNÉA AUS.
1978 WAR LINNÉ 200 JAHRE
TOT, UND DA GAB ES IHM
ZU EHREN EINE
BRIEFMARKE IN
SCHWEDEN.

SVERIGE 1.30

Ich habe einen guten Freund, der heißt Blümle. Das ist auch ein passender Name, finde ich, denn er ist Gärtner gewesen. Aber jetzt ist er pensioniert.

»Warum wachsen deine Blumen so gut?« frage ich. »Ich habe grüne Finger«, sagt Blümle.

»Grüne Finger?« sage ich. »Du hast doch keine grünen Finger!« (Sie sind allenfalls ein bißchen braun von der Erde.)

»Doch, ich habe grüne Finger«, sagt Blümle. »Aber man sieht es nicht. Nur die Blumen wissen es. Das bedeutet, daß ich fühle, was sie brauchen, damit sie gedeihen.«

»Aha«, sage ich. »Ich möchte auch grüne Finger haben.«

»Die bekommst du, je mehr du dich mit Pflanzen beschäftigst«, sagt Blümle. »Ich glaube, du hast schon *hellgrüne* Finger. Das kommt von deinem Apfelsinenbaum.«

Mein Apfelsinenbaum, ja, von dem will ich jetzt erzählen.

ICH

BLÜMLE

8

Schau dir mal meinen Apfelsinenbaum an!

Nach Weihnachten habe ich Apfelsinenkerne eingepflanzt. Und jetzt habe ich einen richtigen kleinen Apfelsinenbaum. Ich will dir erzählen, wie ich es gemacht habe.

In der Samenhandlung habe ich mir Torftabletten gekauft. Darüber habe ich ein bißchen Wasser gegossen. Wie der Torf aufquoll! Und noch ein bißchen Wasser: Jetzt war er 5 cm hoch. Da habe ich einige Apfelsinenkerne mit einem Bleistift hineingedrückt.

Ich schrieb *»Apfelsine«* und das Setzdatum auf ein Kärtchen. Dann mußte ich warten. Und gießen. Der Torf darf nie trocken werden.

Nur einer der Kerne keimte. Nach ein paar Monaten war ein winzig kleiner Baum daraus geworden. (Im Frühling geht es am schnellsten, von Februar an.)

Als das Bäumchen 8 cm groß war, setzte ich es in einen Blumentopf. Über das Loch im Boden legte ich eine Scherbe. Dann füllte ich den Topf mit Erde und goß so viel Wasser darauf, bis sie ganz feucht war. Dann setzte ich den Apfelsinenbaum mit dem Torf und allem ein. Noch ein bißchen Erde drauf, dann glättete ich sie um den Torf und den Stamm herum (aber nicht zu sehr). Der Apfelsinenbaum braucht viel Licht. Extra-Licht von einer Leuchte (siehe Seite 56) ist gut, auch Wärme von unten, von der Heizung zum Beispiel. Aber dann braucht er mehr Wasser.

Im Frühling, Sommer und Herbst will der Apfelsinenbaum gedüngt werden.

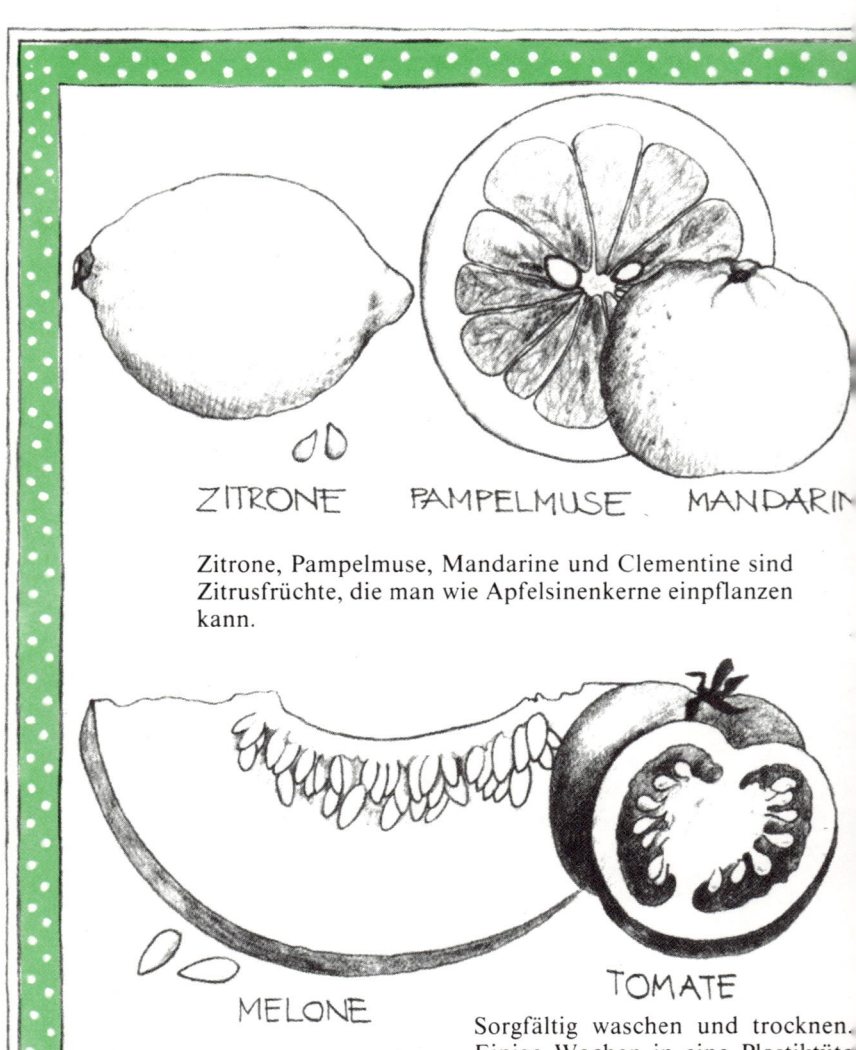

ZITRONE   PAMPELMUSE   MANDARIN

Zitrone, Pampelmuse, Mandarine und Clementine sind Zitrusfrüchte, die man wie Apfelsinenkerne einpflanzen kann.

MELONE

TOMATE

Die Kerne waschen und trocknen, bevor du sie einpflanzt.

Sorgfältig waschen und trocknen. Einige Wochen in eine Plastiktüte legen, bevor du sie einpflanzt. Die Pflanze muß im Licht stehen.

DIE MEISTEN KERNE WERDEN WIE APFELSINENKERNE EINGEPFLANZT

PAPRIKA

Die Kerne müssen ein paar Tage getrocknet werden. Der Topf muß warm und hell stehen.

WEINTRAUBE

Trockne und pflanze mehrere Kerne im selben Topf.

AVOCADO

Ein lustiger Kern! Lies mehr darüber auf Seite 12.

ÜBER KERNE, DIE MEHR ZEIT BRAUCHEN, FINDEST DU ETWAS AUF SEITE 56

Avocado, mein

Das beste an einer Avocado ist, daß sie so groß wird. Sie kann bis zu einem Meter und noch größer werden. Aber so groß ist meine noch nicht.

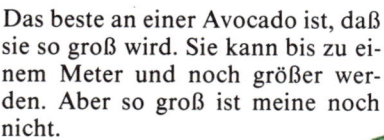

So mußt du es machen

Nimm den Kern aus einer reifen Avocado. Wasch ihn in lauwarmem Wasser und leg ihn für 24 Stunden zum Trocknen hin. Die äußerste braune Schale sollte möglichst platzen.

Pflanze den Kern (mit der Spitze nach oben) in feuchte Erde, so daß noch ein Drittel des Kerns herausschaut. Stülp eine Plastiktüte mit Luftlöchern über den Topf. Dann wird die Luft innen feuchter, und du brauchst nicht so oft zu gießen. Achte darauf, daß die Erde immer feucht ist!

Dann mußt du warten. Drei Wochen oder drei Monate – man weiß nie. Oh, nun kommt der Sprößling heraus! Jetzt kannst du so viel Erde nachfüllen, bis der Kern ganz bedeckt ist.

Die Avocado möchte im Licht ste-

AVOCADO 23/2

AVOCADO 23/2

24/4

24/5

OCH, NUR EIN TRAURIGER ZWEIG BLIEB ÜBRIG...

Lieblingskern

hen. Sie darf nicht trocken werden. Am besten ist es, die Blätter jeden Tag ein bißchen mit einer Wasser-Spray-Flasche zu besprühen.

Jetzt muß sie gestutzt werden!

Wenn die Avocado ungefähr 20 cm groß ist, muß sie gestutzt werden. Es war ein schreckliches Gefühl, die kleinen feinen Blätter und alles abzuschneiden! Nur ein trauriger Zweig blieb übrig!

Aber wenn man sie nicht stutzt, wird es nur ein langer dürrer Stamm. Ja, und nun schau mal!

Dort, wo ich den Stamm beschnitten habe, wachsen zwei neue Zweige. Aus beiden kommen neue Blätter. Wenn die neuen Zweige ein Stück gewachsen sind, muß man sie auch stutzen. Und so weiter.

Es ist komisch, daß die Avocado ohne Blätter auskommt, da doch die Blätter die Nahrung der Pflanze erzeugen. Alle Pflanzen können das nicht. Bitte jemanden um Hilfe, wenn du eine andere Pflanze als eine Avocado stutzen willst.

AVOCADO 23/2

.... ABER SCHON NACH 7 WOCHEN WAR SIE WUNDERSCHÖN !

15/7

Rosa, die schnellste Bohne der Stadt

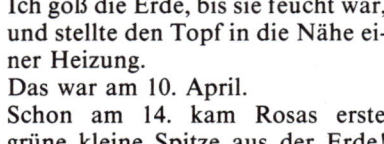

NATÜRLICHE GRÖSSE

Manchmal habe ich keine Lust zu warten. Auf trödlige Kerne zu warten, die niemals wachsen! Darum habe ich mir in der Samenhandlung eine Tüte Feuerbohnen beschafft. (Sie werden auch türkische Bohnen genannt.)

Ich taufte eine Bohne Rosa, nahm einen nicht zu kleinen Topf und drückte sie in die Erde, ungefähr 2 cm tief.

Ich goß die Erde, bis sie feucht war, und stellte den Topf in die Nähe einer Heizung.

Das war am 10. April.

Schon am 14. kam Rosas erste grüne kleine Spitze aus der Erde! Und Rosa wuchs mit aller Kraft, jeden Tag mehrere Zentimeter. Ich mußte ein Stöckchen in die Erde stecken, an dem Rosa hochranken konnte.

Nach zwei Wochen war Rosa genauso groß wie ich!

Ich zog die Gardine zur Seite und spannte eine Schnur zur Gardinenstange. Und dann zeigte ich Rosa, wie sie weiterranken sollte.

Inzwischen habe ich noch fünf Bohnen gepflanzt. Sie sind gerade herausgekommen. Außer einer. Die kommt wohl nie.

PS. Dann bekamen Rosa und die anderen hübsche rote Blüten. Und wenn man sie nach draußen verpflanzen kann (auf einen Balkon oder in einen Garten), kommen nach den Blüten *riesige* Bohnenschoten. Und in den Schoten sind genau solche Bohnen wie in der Samentüte. Ist *das* nicht wunderbar?

ACHTUNG!

Die Schoten und die Bohnen sind *giftig*. Aber wenn sie gekocht sind, kann man sie essen.

PS. NICHT TRAURIG SEIN, WENN DIE FEUERBOHNE
WELKT. SIE IST NUR EINJÄHRIG. IM NÄCHSTEN FRÜHJAHR
PFLANZT DU NEUE SCHNELLE BOHNEN.

Warum fing Rosa an zu keimen, als sie in die Erde kam? Warum keimte sie nicht schon in der Tüte? Ich muß Blümle fragen.

»Wenn eine Bohne oder ein Samen keimen soll«, sagt Blümle, »braucht man drei Dinge: Wasser, Sauerstoff und Wärme.«

Als Rosa in die feuchte warme Erde kam, saugte sie Wasser auf (in der Tüte war es ja trocken und kühl gewesen).

Mit Hilfe des Wassers und des Sauerstoffs in der Luft, der durch die Erde drang, konnte Rosa anfangen zu wachsen.

Sie wuchs nach oben und nach unten. Nach oben wurden es Blätter, nach unten Wurzeln. Blätter und Wurzeln brauchte sie für die Nahrung.

»Aber wie konnte sie leben, *bevor* sie Nahrung bekam?« frage ich.

»Sie hatte den Proviant dabei«, sagt Blümle. »In der Bohne selbst. Sie besteht aus einer Schale, der Samenschale. Innendrin ist die Stärke. Das ist der Proviant, die Nahrung. Davon lebt Rosa, bevor sie Wurzeln und Blätter kriegt.«

»Und in der Stärke ist der eigentliche Keimling, der lebt. Da liegt er und *wartet.* Er wartet auf Wasser und Wärme, damit er anfangen kann zu wachsen.«

»Aber wie kommt es, daß er *lebt?*«

KEIMLING — SAMENSCHALE STÄRKE

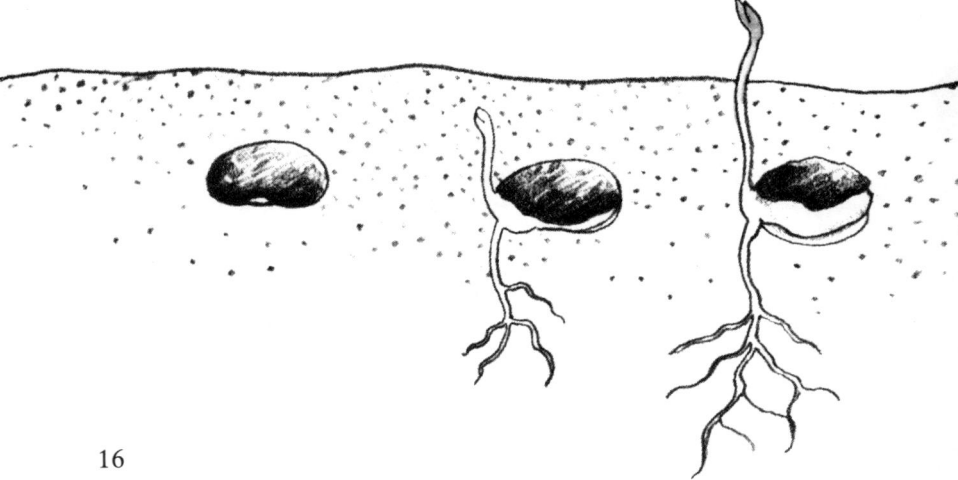

keimt?

Wie weiß Rosa, wo oben ist?

frage ich. Denn ich will ja alles wissen.

»*Darauf* weiß ich keine Antwort«, sagt Blümle. »Die Fragen nach dem *Leben selbst* sind am allerschwersten zu beantworten.«

»Stell dir vor, Rosa wäre falsch gewachsen«, sage ich. »Wenn sie nun mal zur Seite gewachsen wäre!«

»Rosa fühlt einfach, wo oben ist, genau wie du. Das hat etwas mit der Schwerkraft zu tun. Darum wächst sie nach *oben*. Aber die Wurzel will nach *unten*. Denn von dort bekommt sie Nahrung aus der Erde.«

»Wenn aber Rosas Topf umgefallen wäre«, sage ich, »wenn sie nun mal unten gelegen hätte.«

»Dann hätte Rosa die Richtung geändert«, sagt Blümle, »und wäre trotzdem nach oben gewachsen, bis sie gegen die Topfwand gestoßen wäre.«

»Aber wenn wir den Topf nach einer Weile wieder aufgestellt hätten? Wäre sie dann doch noch aus der Erde herausgewachsen?«

»Genau«, sagt Blümle.

NUN BEGINNT DIE ERBSEN-OLYMPIADE!

BITTE UMBLÄTTERN!

Es macht Spaß zu *sehen*, wie alles wächst. Am schönsten ist es bei Erbsen, Bohnen und Linsen, denn die wachsen am schnellsten. Zuerst ist es ein Stärke-Wettkampf.

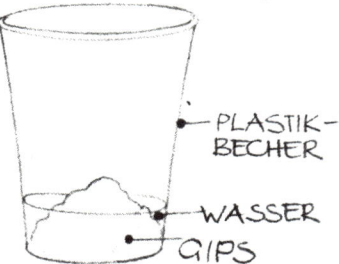

Ich backe die gelben Erbsen Vera, Alf und Kurt in Gips. Ich schütte das Gipspulver ins Wasser (nicht umgekehrt), bis kleine »Gips-Inseln« zu sehen sind.

Dann rühre ich den Gips um, schütte ihn sofort in die Kuchenformen und drücke die Erbsen hinein. Wenn der Gips hart geworden ist, nehme ich die Form ab.

Wer ist der Stärkste?

Da drinnen im Gips liegen nun Vera, Alf und Kurt. Sie saugen das Wasser aus dem Gips. Und wenn sie Wasser bekommen, fangen sie ja an zu wachsen ... Wenn sie wachsen und dicker werden, sprengen sie sich aus dem Gips. Das nennt man Erbsenkraft!

Ergebnis
Vera hat gewonnen! Sie kam nach zwei Stunden heraus, Kurt nach drei. Und Alf kam überhaupt nicht.

Erbsen-Olympiade

Wer keimt zuerst?

Ich legte die Wettkämpfer in ein Glas mit feuchter Watte.
Es waren:
die Suppenerbse Artur,
die grüne Erbse Marta,
die Linse Paula
und die Feuerbohne Else.
Am 19. April wurde gestartet.

Wer wächst am schnellsten?

An diesem Wettkampf nahmen nur gelbe Suppenerbsen teil: Emil, Knut und Rike. Ich drückte sie jeweils in eine Torftablette (wie man das macht, siehst du auf Seite 9). Als sie dann herauskamen, bekam jeder ein Stützstöckchen.

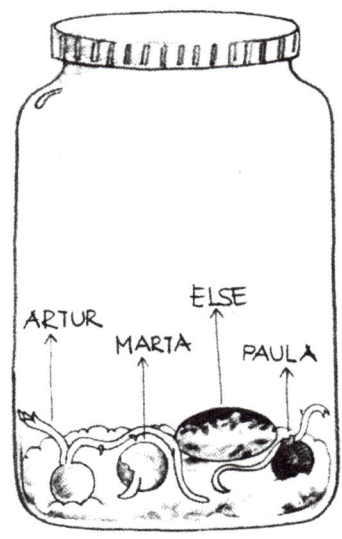

Ergebnis

Artur gewann. Nach fünf Tagen (am 24. April) sah es im Glas so aus. Else war noch immer nicht gewachsen (bei Feuerbohnen gibt es wahrhaftig Unterschiede).

Ergebnis

Knut gewann überlegen. Emil wurde Zweiter. Rike aber verwelkte. Vielleicht hatte ich sie nicht genug gegossen. Ihre Torftablette war zu trocken.

Lieschen und ich

Jetzt will ich von meiner nettesten Topfpflanze erzählen. Sie heißt Fleißiges Lieschen. Das ist ein feiner Name, denn Lieschen ist wirklich fleißig – sie wächst und wächst und blüht und blüht. So bekam ich mein erstes Lieschen:

Blümle hatte das große Lieschen. Ich durfte mir einen Ableger davon nehmen. Das heißt, ich schnitt einen kleinen Zweig von seiner Pflanze. Der Ableger schlug Wurzeln und wuchs zu einer neuen großen Pflanze heran.

Und so wird's gemacht:

Gewöhnlich nimmt man den Ableger vom oberen Teil der »Mutterpflanze«. Aber man kann auch einen Seitenableger nehmen.

Ich habe meinen Ableger mit einem scharfen Messer abgeschnitten (man darf ihn nicht abbrechen), genau *oberhalb* eines Blattes. Dann wächst ein neuer kleiner Trieb aus dem Blattansatz der Mutterpflanze. Ich wählte einen Ableger mit vier Blättern. Er hatte keine Blüten und keine Blütenknospen. Für den Ableger wäre es zu anstrengend, am Anfang auch noch Nahrung für die Blüten beschaffen zu müssen.

In einer Plastiktüte nahm ich den Ableger mit nach Hause. Bevor ich ihn in ein Glas mit Wasser stellte, schnitt ich ihn ab (wieder mit einem scharfen Messer), genau *unter* dem untersten Blatt. Denn die neuen Wurzeln wachsen am leichtesten unterhalb der Blattansätze. Das unterste Blatt entfernte ich, damit der Ableger besser im Glas stand. Dann stülpte ich eine durchsichtige Plastiktüte (mit Luftlöchern) über das Glas und den Ableger, damit

nicht so viel Wasser verdunsten konnte.

Man braucht keine Angst zu haben, wenn der Ableger anfängt zu welken. Er hat einen kleinen Schock bekommen, denn er ist noch nicht daran gewöhnt, ohne »Mutter« zu sein.

Nach einer Woche zeigten sich kleine Wurzelfäden an meinem Ableger. Und nach zwei Wochen waren die Wurzeln mehrere Zentimeter lang.

fülle mehr Erde nach. Ich drücke die Erde rundherum fest. Aber nicht *zu* fest. Die Erde darf nicht bis zum Topfrand reichen, denn es muß ja noch Platz zum Gießen bleiben.

Während der ersten fünf Tage lasse ich die Plastiktüte über Topf und Ableger, bis sich die Wurzeln an die neue Umgebung gewöhnt haben. Dann fängt Lieschen an zu wachsen. Blättere um, dann siehst du es!

Zeit zum Pflanzen!

Ich habe einen Topf geholt. Er darf nicht zu klein sein, denn Lieschen wächst schnell. (Alles über Töpfe kannst du auf Seite 51 nachlesen.) Auf den Boden lege ich eine Scherbe über das Loch, damit zwar Wasser, aber keine Erde herauskommen kann.

Dann fülle ich den Topf mit Erde, nicht ganz: vier, fünf Zentimeter unterhalb des Randes höre ich auf. Ich gieße gerade so viel, daß Wasser aus dem Bodenloch läuft. Das ist ein Zeichen, daß die Erde gut durchfeuchtet ist. Jetzt setze ich Klein Lieschen in den Topf und

SCHAU, MEIN ABLEGER

Die Blüten sind knallrot, orangerot, rosa, lachsrot, weiß oder lila. Ich mag das rosa Lieschen am liebsten. Diese Sorte wird »Rosa Baby« genannt.

Das braucht Lieschen

WÄRME

Lieschen mag keine Kälte. Im Winter möchte sie es mindestens 20°C warm haben. Wenn sie die Blätter verliert und keine neuen Blüten bekommt, liegt es vermutlich daran, daß ihr zu kalt ist.

WASSER

Je wärmer und heller Lieschen steht, um so mehr Wasser braucht sie. Aber nicht zuviel gießen! Sonst fault der Stamm. Nicht mit der Sprühflasche spritzen, solange sie blüht (und sie blüht ja fast immer).

DÜNGEN

Von März bis September möchte Lieschen Düngemittel im Wasser haben. Einmal in der Woche.

ACHTUNG!

Lieschen bekommt leicht Ungeziefer. Untersuche es von Zeit zu Zeit. Spinnmilben kommen von zu viel Sonne. Von zu trockener Luft kann sie Blattläuse oder weiße Fliegen bekommen. (Auf Seite 44 kannst du nachlesen, wie man Ungeziefer los wird.)

Bald war aus Klein Lieschen ein großes Lieschen geworden. *Eigentlich,* sagt Blümle, sei es falsch, sein Lieschen als Mutter zu bezeichnen und meinen Ableger als Kind. Denn es ist *tatsächlich* dieselbe Blume, dasselbe Individuum, wie Blümle sagt. Nur aus einem Samen entsteht ein neues Individuum. (Darüber kannst du mehr auf Seite 40 lesen.)

Impatiens walleriana

So heißt das Fleißige Lieschen auf Lateinisch. Lieschen gehört zur Blumenfamilie der Balsaminengewächse (Balsaminaceae). Sie wird auch »Springkraut des Sultans« genannt. Sie hat viele Namen. Ihre Ahnen wachsen in den tropischen Bergwäldern von Ostafrika und Sansibar. Dort gelten sie als Unkraut.

Das Fleißige Lieschen blüht fast das ganze Jahr, außer in der dunkelsten Zeit, im Dezember.

das große Lieschen

Jetzt will ich alles erzählen, was ich vom Gießen weiß. Denn das ist *sehr* wichtig, wenn man seine Topfpflanzen behalten will.

Die Pflanzenblätter und auch die Wurzeln brauchen Luft zum Atmen und zum Leben. Wenn man zuviel gießt, kann keine Luft durch die pitschnasse Erde zu den Wurzeln vordringen. Dann ersticken sie, und nach einer Weile stirbt die Pflanze. Deswegen soll man nur gießen, wenn es nötig ist.

Aber wie weiß man, daß die Pflanze Wasser braucht?

Bevor du gießt, prüfst du die Erde. Wenn sie kalt und feucht ist, ist kein Wasser nötig. Wenn sie trocken ist, gießt du.

Du kannst auch gegen den Topf klopfen. Wenn es sich wie »kloink« anhört, ist die Erde drinnen trocken (und hat sich von der Topfwand gelöst). Sofort gießen! Wenn es nur dumpf »knack« macht, ist die Erde vermutlich noch feucht.

Ordentlich gießen!

Kein »Tropfengießen«! Das mögen die Pflanzen gar nicht. Dann kommt das Wasser nie bei den Wurzeln an (im schlimmsten Fall wachsen sie dann nach oben, um das Wasser zu erreichen. Das ist nicht gut). Nein, viel gießen, so daß der ganze Topf durch und durch feucht wird und das Wasser auf den Teller

des Gießens

rinnt (es sollte immer ein tiefer Teller sein). Ich gieße meine Blumen (die Wasser brauchen) immer morgens, bevor ich frühstücke. Wenn ich mit frühstücken fertig bin, gehe ich mit einer Schüssel herum und gieße das überflüssige Wasser von den Tellern ab.

Denn die Pflanzen mögen *nicht* mit den Wurzeln im Wasser stehen. Und das ist verständlich.
Wenn das Wasser nicht abgegossen wird, fangen Wurzeln und Erde zu faulen an. Oder es bilden sich kleine Würmer in der Erde. Iii!

Die einen Pflanzen brauchen mehr, die anderen weniger Wasser

Große Pflanzen mit vielen Blättern und Blüten in einem großen Topf brauchen mehr Wasser als kleine Pflanzen in kleinen Töpfen. Klar. Und Gewächse, die aus Wüstengebieten stammen, zum Beispiel Kakteen, brauchen weniger Wasser als tropische Regenwaldgewächse.

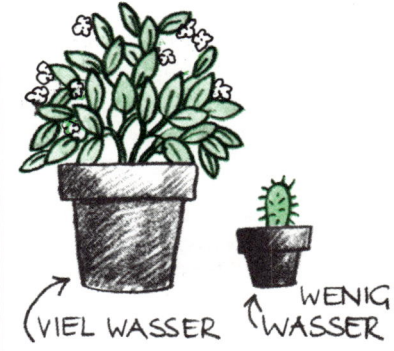

VIEL WASSER   WENIG WASSER

Alle Pflanzen brauchen, wenn sie wachsen, mehr Wasser, als wenn sie ruhen. Und im Sommer trocknen sie natürlich schneller aus (weil es warm ist) als im Winter.

Hilfe, ich habe Lieschen vergessen!

Eines Tages entdeckte ich, daß eins meiner Fleißigen Lieschen die Blätter schrecklich hängen ließ. Die Erde im Topf war ein einziger trockener Klumpen. Ich hatte vergessen, es zu gießen! Was tun?

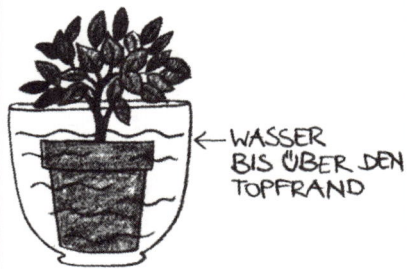

← WASSER BIS ÜBER DEN TOPFRAND

Sofort einen großen Topf mit Wasser her! Da hinein senkte ich das ganze Lieschen, bis das Wasser ein gutes Stück über den Blumentopfrand ging. Sie mußte so lange darin stehen, bis keine Blasen mehr kamen. Glaub's oder glaub's nicht: Nach wenigen Stunden richtete sie sich auf. Lieschen war gerettet!

Rezept für Blumenwasser

Wasser direkt aus dem Wasserhahn mögen Pflanzen nicht. Es ist zu kalt. Außerdem enthält es zuviel Chlor und oft auch zuviel Kalk. Kalkhaltiges Wasser wird »hart« genannt. Regenwasser dagegen ist »weiches« Wasser. Das mögen Pflanzen sehr. Aber in der Stadt ist das Regenwasser so sehr von den Abgasen der Autos und Schornsteine verschmutzt, daß es den Pflanzen eher schadet als nützt.

Ich mache es deshalb so:

Ich lasse Wasser in eine Gießkanne und mehrere Flaschen laufen, damit es über Nacht »abstehen« kann. Das heißt, das Chlor im Wasser verdunstet, und der Kalk sinkt auf den Boden. Am nächsten Morgen ist das Wasser lauwarm und gerade richtig, um damit die Pflanzen zu gießen. *Das* mögen sie. (Ich mag morgens auch keine eiskalte Dusche . . .)

Damit ich es nie vergesse, fülle ich Kanne und Flaschen immer gleich nach dem Gießen. Dann ist das Wasser fürs nächste Mal bereit.

Eine Gießkanne

Die sollte man haben. Ein langer Gießer ist wichtig, damit das Wasser überall verteilt werden kann. Wenn du keine Gießkanne hast, nimmst du eben eine Flasche.

Jeden Tag duschen!

Schaff dir eine Sprühflasche an, mit der du die Pflanzen jeden Morgen duschen kannst. Das mögen sie, denn die Luft in einem Zimmer mit Heizung ist fast immer zu trocken. Nur wenn eine Pflanze blüht, darf man sie nicht duschen. Das Fleißige Lieschen zum Beispiel mag kein Wasser auf ihren Blüten. Sie könnten fleckig werden.

Eine Sprühflasche

kostet Geld. Eine aus Plastik gibt es schon ab fünf Mark. Wenn sie auch zum Wäscheeinsprengen benutzt werden kann, brauchst du sie vielleicht nicht von deinem Taschengeld zu bezahlen.

Wenn ich verreise

Es gibt mehrere Tricks, die Pflanzen zu gießen, während man verreist ist. Von einigen will ich hier erzählen:

Gießen mit einem Bindfaden

Im Blumengeschäft oder Samenhandel kann man billig einen Bindfaden mit Plastikröhrchen kaufen. Man füllt einen großen Behälter mit Wasser und hängt das eine Ende des Bindfadens ins Wasser (so daß er den Boden berührt). Das andere Ende steckt man in die Blumentopferde.

So wird ständig Wasser aus dem Behälter zur Pflanze gesogen.

(Ich habe gehört, daß es auch ein Faden Wolle oder Baumwollgarn tut. Mit Synthetic geht es *nicht*.)

Probier es aus, solange du noch zu Hause bist, damit du siehst, wie lange das Wasser reicht. Das hängt auch von der Wärme des Raumes ab. Dann weißt du genau, wie lange du verreisen kannst, ohne daß ein Nachbar zum Gießen kommen muß.

Eine andere Möglichkeit:

Man schneidet einen Stoffstreifen zurecht und drückt ihn in das Bodenloch des Topfes. Man stellt den Topf über ein Glas mit Wasser und läßt den Streifen ins Wasser hängen.

Eine dritte Art:

Man legt mehrere Schichten feuchter Zeitungen in die Badewanne und stellt die Töpfe darauf. Das geht eine Zeitlang gut. Wenn die Pflanzen länger dort stehen müssen, sollte das Badezimmer ein Fenster haben. Sonst bekommen sie nicht genug Licht, um ihre Nahrung zu erzeugen. Achtung! Diese Art eignet sich *nicht* bei Pflanzen, die viel Wasser brauchen, wie zum Beispiel das Fleißige Lieschen. Aber bei Feigen, Kakteen und Palmen kommt man gut damit zurecht.

Der Kreislauf des Wassers

»Ich gieße und gieße«, sage ich zu Blümle. »Was machen die Pflanzen mit all dem Wasser? Machen sie Pippi, oder verschwindet es einfach?«

»Es verschwindet nicht«, sagt Blümle. »Ich will dir mal vom Kreislauf des Wassers in der Natur erzählen. Wenn das Wasser trocknet, verschwindet es nicht einfach«, erzählt Blümle. »Es verbindet sich mit der Luft. Man sagt, es *verdunstet* und wird Wasserdampf.

Es verdunstet überall: von Meeren

und Seen, von der Erde aus und in deinem Blumentopf. Auch von deinen Pflanzen aus. Das Wasser, das sie aufgesogen haben, lassen sie durch die Blätter hinaus, wenn sie es nicht mehr brauchen.

Und wenn *du* atmest, enthält dein Atem auch Wasserdampf. (Hauche mal gegen eine Fensterscheibe. Der Dampf besteht aus winzig kleinen Wassertropfen.)

Die Sonne treibt den Kreislauf voran

Die Sonne erwärmt die Erdoberfläche. Dann steigt die warme Luft, die der Erde am nächsten ist, nach oben. Wenn sie sehr hoch gestiegen ist, wird der Wasserdampf in der Luft zu Wolken.

Und wenn die Wolken noch höher steigen, werden sie wieder kalt. Dann regnen sie sich ab, und so kommt das Wasser zur Erde zurück. Und dort, wo es regnet, saugen sich die Wurzeln und Stämme der Pflanzen voll Wasser.

Ja, und von da gelangt das Wasser in die Blätter. Und die Blätter ›atmen‹ das Wasser wieder aus. Es verdunstet. Die Sonne erwärmt die Luft und den Wasserdampf. Beides steigt auf . . .«

»Halt«, sage ich. »Sonst werden es zu viele Kreise.«

Mein eigener kleiner Kreislauf

»Das ist der *große* Kreislauf in der Natur«, sagt Blümle. »Aber du kannst dir auch einen eigenen *kleinen* Kreislauf machen.«

»Wirklich?« sage ich. »Dann machen wir sofort einen!«

Zunächst brauchte ich ein großes Glas (mindestens drei Liter Inhalt). Es muß ganz sauber und trocken sein! Auf den Boden legte ich Holzkohle (gegen Schimmelpilze) und neu gekaufte Erde (sie ist meistens sterilisiert). Kohle und Erde sollten ein Viertel des Glases füllen.

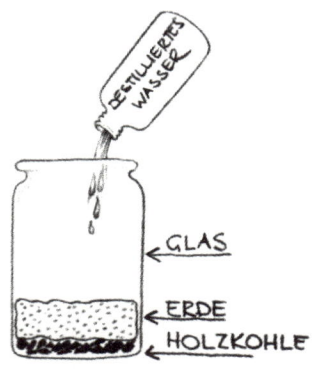

In die Mitte machte ich eine Vertiefung und pflanzte mein Eiskraut hinein, das ich von Blümle bekommen hatte. Man muß Pflanzen nehmen, die langsam wachsen, sonst wachsen sie zu schnell aus dem Glas heraus. Ich setzte zwei Porzel-

lankaninchen und einen Plastikengel hinein. (Ein Schwein aus Modellierton taugte nicht. Es schimmelte. Schimmel ist der Feind Nummer eins. Nur Glas, Porzellan und Plastik eignen sich.)

Kein gewöhnliches Wasser!!!

Dann goß ich vorsichtig *destilliertes* Wasser hinein. Gewöhnliches Wasser ist nicht sauber genug.
Man bekommt es z. B. in Drogerien oder Farbgeschäften.
Wenn das Glas drei Liter faßt, genügt es.
Das scheint wenig zu sein, aber es reicht.
Zum Schluß spannte ich eine durchsichtige Plastikfolie mit einem Gummiband darüber.
Danach durfte ich es nicht mehr öffnen. Und nicht mehr gießen!
Das Glas muß hell stehen. Aber direkte Sonneneinstrahlung ist gefährlich. Dann wird es zu heiß darin. Wie in einem Gewächshaus.

Jetzt beginnt der Kreislauf!

Das Gewächs saugt Wasser aus der Erde. Die Blätter »atmen« das Wasser aus. Es verdunstet. Die Luft wird feucht und gibt ihr Wasser an die Erde ab. Und dann kann die Pflanze von neuem Wasser aufsaugen. Natürlich gibt es keine Wolken und keinen Regen in meinem Glas, aber manchmal rinnt ein bißchen Wasser an den Glaswänden herunter. *Fast* wie Regen.

Kreislauf

Leben meine Pflanzen *nur* von dem Wasser, das ich ihnen gebe? Oder *essen* sie Erde? Ich muß Blümle fragen.

»Nein«, sagt Blümle. »Die Pflanzen essen nicht die Erde selbst, sondern die Nährstoffe, die darin enthalten sind und die sich im Wasser auflösen. Stickstoff, Phosphor, Kalium, Eisen und Kalk sind einige der Stoffe, die Pflanzen brauchen. Wenn die Wurzeln das Wasser aufsaugen, das du ihnen gegeben hast, nehmen sie gleichzeitig diese Stoffe auf.

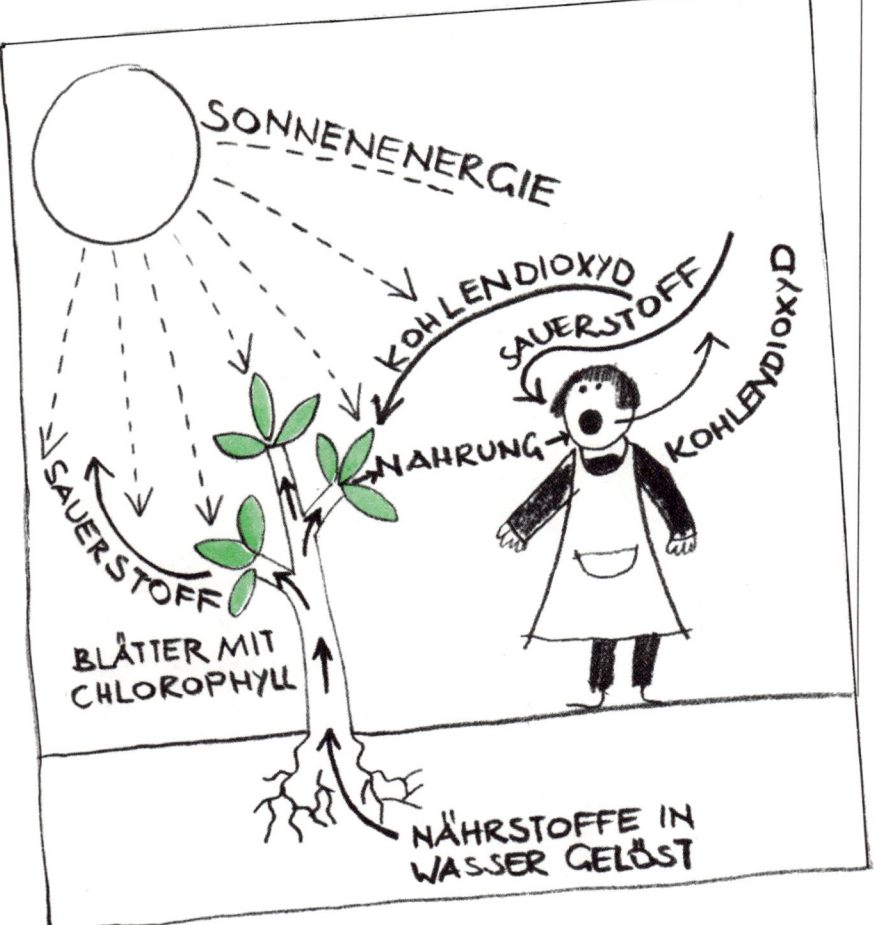

Pflanzen?

Luft essen

»Aber die Pflanzen können noch etwas«, fährt Blümle fort. »Sie machen aus Luft etwas zu essen.«

»Ist das wirklich *wahr*?« frage ich. »Wie denn?«

»Das ist ziemlich schwer zu erklären«, sagt Blümle. »Ich zeichne es mal auf: eine Pflanze mit Wurzeln und Stamm und Blüten. Die Blätter male ich grün. Das Grüne sind winzig kleine Körner, die man *Chlorophyll* nennt. In den Blättern bereitet das Chlorophyll die Nahrung der Pflanze. Nämlich so: Die Blätter saugen etwas aus der Luft, das man *Kohlendioxyd* nennt. Das braucht das Chlorophyll, um es in Nährstoff umzuwandeln. Wenn es mit dem Wasser der Wurzeln gemischt wird, bildet sich *Zucker* – die Nahrung der Pflanze.

Ein bißchen bleibt übrig bei der Essenszubereitung, der Abfall sozusagen. Und das ist Sauerstoff (der war im Kohlendioxyd enthalten, den die Blätter aufgesogen haben). Den Sauerstoff entlassen die Blätter wieder an die Luft.

Der Zucker, den die Pflanze hergestellt hat, wird dann in andere Stoffe umgewandelt, aus dem die Pflanze Blätter und Zweige und Blüten und Samen macht.

Sonne – das Wichtigste von allem

Aber das alles ginge nicht, wenn es die *Sonne* nicht gäbe«, sagt Blümle und zeichnet eine große Sonne, die auf die Blätter und das Chlorophyll herunterstrahlt.

»Das Chlorophyll wird mit Sonnenenergie betrieben. Ohne Licht kann es nicht arbeiten.«

Ohne Pflanzen gäbe es weder Tiere noch Menschen

»Gibt es keine Körner in mir, die aus Luft und Wasser und Sonnenschein etwas zu essen machen können?« frage ich.

»Nein«, sagt Blümle. »Tiere und Menschen können das nicht. Nur die Pflanzen sind so phantastisch. Aber wir brauchen auch Zucker und die anderen Stoffe, die die Pflanzen zum Leben ›herstellen‹. Deswegen müssen wir sie essen, oder wir essen Tiere, die Pflanzen gefressen haben.

Und dann kann unser Körper die Nahrung zum Wachsen und zum Denken und zu noch mehr benutzen. Da bleibt natürlich auch Abfall übrig. Deswegen müssen wir zur Toilette gehen. Und außerdem atmen wir Kohlendioxyd *aus*.«

»Das wiederum die Pflanzen brauchen können«, sage ich. »Wie das alles zusammenhängt!«

MEHR ÜBER PFLANZEN-NAHRUNG (DÜNGUNG) AUF DER NÄCHSTEN SEITE ➡➡

Übers Düngen

Wenn ich im Blumengeschäft oder Samenhandel einen Beutel Erde kaufe, sind darin oft schon die Nährstoffe enthalten, die die Pflanze braucht.

Aber wenn die Pflanze eine Weile in ihrem Topf gestanden und mit ihrer Wurzel Nahrung aus der Erde gesogen hat, verbraucht sie die wichtigsten Stoffe. Dann muß ich neue Nahrung besorgen, Düngemittel, wie man es auch nennt.

Fertig gemischte Düngemittel kann man in der Flasche kaufen. Davon gieße ich ein wenig ins Wasser, mit dem ich die Pflanze gieße.

Es ist *wichtig*, sich genau an die Anweisung auf der Flasche zu halten! Zuviel Düngemittel vertragen die Pflanzen nicht. Dann können sie welken und absterben.

Und man soll überhaupt *nicht* düngen, solange die Pflanze blüht oder wenn sie ihre Ruhezeit hat (gewöhnlich im Winter)!

SCHAU MAL, MEIN KNOBLAUCH!

In der Küche . . .

gibt es viel Brauchbares zum Einpflanzen. Zum Beispiel Knoblauch.

MIT DER SPITZE NACH OBEN EINPFLANZEN

2 CM TIEF (NICHT ZU DICHT)

DIE ZEHEN TEILEN

Nach einigen Wochen kamen lange schmale Blätter heraus. Als sie 10 cm hoch waren, konnte ich sie abschneiden und aufs Butterbrot legen. Das schmeckt gut und ist nicht so stark wie die Knoblauchzehe selbst.

Ich schneide den obersten Teil von einer Roten-Beete und einer Mohrrübe ab und pflanze sie jeweils in einen Topf. Die Teile müssen so von Erde bedeckt sein, daß nur noch ein ganz klein wenig davon herausguckt. Bald beginnen kleine Blätter zu sprießen. Und nach unten in die Erde wachsen Wurzeln.

Vor zwei Wochen habe ich sie eingepflanzt, und schon jetzt habe ich einen kleinen Rote-Beete-Baum und einen kleinen Mohrrüben-Busch. Wenn ich Lust habe, säe ich vielleicht noch Ziergras rund um Baum und Busch und lasse dort einige Lämmer (aus der Weihnachtskrippe) grasen. Mal sehen.

Jetzt bringe ich dir das Pflaumenspiel bei

Heute habe ich *überhaupt keine* Lust zu pflanzen! Man muß ja nicht jeden Tag Lust haben.
Nein, heute gehe ich zu Blümle und bringe ihm das Pflaumenspiel bei.
Das ist ein altes Indianerspiel.
Paß mal auf, dann lernst du es auch gleich.

So wird's gemacht

● Ich habe acht kerne auf der mit grüner Lack-malt. (Wenn man mag, kann man lack nehmen.)

Pflaumen-einen Seite farbe ange-Rosa lieber auch Nagel-

← PFLAUMENKERNE

● Dann legen wir ein Tuch oder eine Decke auf den Tisch und in die Mitte einen Haufen mit 40 braunen Bohnen. Das sind die Spielmarken.

● Und dann werfen wir – immer abwechselnd – alle Pflaumenkerne auf den Tisch. Man zählt die, welche mit der grünen Seite nach oben liegen. Dafür bekommt man Bohnen als Spielpunkte. Und zwar für:

8 GRÜNE OBEN	=	20 BOHNEN
7 GRÜNE OBEN	=	4 BOHNEN
6 GRÜNE OBEN	=	2 BOHNEN
2 GRÜNE OBEN	=	2 BOHNEN
1 GRÜNE OBEN	=	4 BOHNEN
KEINE GRÜNE OBEN	=	10 BOHNEN

● Jedesmal, wenn man keine Bohne gewinnt, darf man noch einmal werfen.

● Wenn keine Bohne mehr da ist, bekommt der Gewinner aus dem Haufen des anderen bezahlt.

● Natürlich hat der gewonnen, der zuerst alle Bohnen hat.

Wie ein Indianer verwahre ich mein Pflaumenspiel in einem kleinen Lederbeutel, den ich selbst genäht habe. Darin steckt auch der Zettel mit den Regeln. *Falls* ich sie vergesse.

Amaryllis, die häßlichste

Zu Weihnachten habe ich eine Amaryllis-Zwiebel bekommen. Sie sah gar nicht schön aus, braun und zerfasert. Ich will sie trotzdem einpflanzen, dachte ich. Eine Gebrauchsanweisung hatte ich auch bekommen.

Darauf stand: »Die Unterseite der Zwiebel 12 Stunden in eine Schale mit Wasser setzen.« Das tat ich. Dann pflanzte ich sie in einen Topf, so daß ein Drittel der Zwiebel aus der feuchten Erde hervorschaute. Dann darf man acht Tage lang *überhaupt* nicht gießen, denn das mögen die Wurzeln nicht.

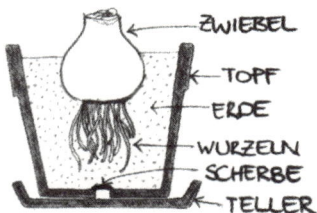

Erst am neunten Tag fängt man an zu gießen. Aber *nicht* im Topf. Man gießt lauwarmes Wasser auf den Teller. Nach einer Viertelstunde schaut man nach. Wenn noch Wasser da ist, gießt man es weg. Dann soll man jeden zweiten Tag gießen. Bald kam eine kleine grüne Spitze aus der Zwiebel. Sie wurde größer und größer. Und dann wurden es mehr. Daraus wurden Blätter und Stiele.

Nach einiger Zeit entdeckte ich, daß die Stiele am oberen Ende »geschwollen« waren.

Das war der Anfang einer Knospe. Eines Morgens war sie aufgegangen! Und so groß! Und leuchtend rot! Eines Nachts erwachte ich von einem Krach! Der ganze Topf war umgefallen. Eine Katastrophe! Die Blumen waren zu groß geworden, und deswegen hatte der Topf Übergewicht bekommen und war umgefallen. Und der dicke Stiel abgebrochen.

Das war traurig. Zuerst weinte ich ein bißchen. Aber dann stellte ich die abgebrochene Blume in ein Glas und richtete den Topf auf. Da sah ich, daß es *noch einen* Stiel mit Knospe gab. Ich freute mich sehr! Ich band eine Schnur um den Stiel und befestigte sie an der Wand, damit der Topf nicht noch einmal umfallen konnte. Nächstes Mal werde ich eine Amaryllis in einen größeren Topf pflanzen.

Es gibt auch weiße und rosa Amaryllis. Von September bis März.

NACH EIN BISSCHEN MEHR ALS 5 WOCHEN BLÜHTE DIE AMARYLLIS AUF

7/1

Zwiebel wurde die größte Blume

Billig ist die Amaryllis nicht

Wenn man die Zwiebel nicht geschenkt bekommt, könnte man sich mit anderen zusammentun, zum Beispiel in der Klasse, und gemeinsam eine Amaryllis kaufen.

23/1   2/2

Was ist eine Zwiebel?

Eine Amaryllis kann wiederkommen!

Wenn du Glück und Geduld hast, *kannst* du eine Amaryllis im nächsten Jahr wieder zum Blühen bringen. Das macht man so:
Die ganze Blume abschneiden, wenn sie verwelkt ist. Die Blätter müssen bleiben.
Beim Gießen Düngemittel ins Wasser mischen. Die Zwiebel braucht neue Nährstoffe. Die alten Nährstoffe wurden für die riesige Blüte verbraucht. Die Blätter helfen bei der Zubereitung des Nährstoffs (siehe Seite 33). Deswegen muß die Amaryllis in dieser Zeit *hell* stehen.

Die Amaryllis muß ruhen

Im September hört man auf zu düngen und gießt immer weniger. Jetzt müssen die Blätter welken. Der Topf muß kühl stehen (10–12°C). Und kein Wasser.
Im Dezember kann man den Topf wieder hervorholen. Man nimmt die Zwiebel heraus, entfernt die alte Erde und pflanzt die Amaryllis in einen größeren Topf mit neuer Erde. Wie es weitergeht, weißt du ja.

Eine neue Blüte?

Nein, eigentlich ist es keine *neue* Amaryllis, die im nächsten Jahr blüht. Es ist *dieselbe*, dasselbe *Individuum*, wie Blümle sagt. Es ist dieselbe »Blumen-Person«, die von Jahr zu Jahr blüht und welkt. Erstaunlich!

Eigentlich ist eine Zwiebel ein Sprößling, eingewickelt in dicke Blätter. In den alten Blättern sind die Nährstoffe enthalten. Es kommt vor, daß sich eine Zwiebel teilt. Dann bilden sich kleine Zwiebeln an der Seite. Das ist eine Art der Vermehrung, die man *geschlechtslose* Vermehrung nennt. Wenn sich aber ein ganz neues *Individuum* bilden soll, muß das durch eine *geschlechtliche* Vermehrung geschehen, und das geht nur nach einer *Befruchtung.*

Mama und Papa

Wenn etwas befruchtet werden soll, müssen ein »Mama-Teil« und ein »Papa-Teil« in der Blume vorhanden sein, also ein *Er-* und ein *Sie-*Organ.
Das gibt es in der Amaryllis ebenso wie in den meisten anderen Blumen.

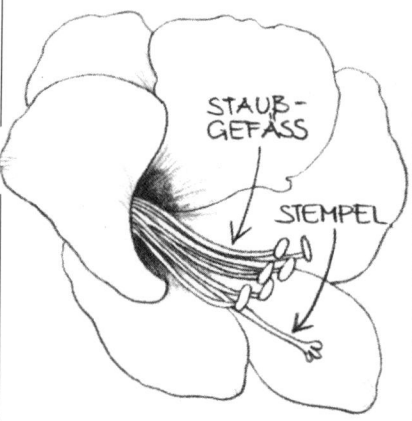

STAUB-GEFÄSS

STEMPEL

Wie entsteht Samen?

Das Er-Organ heißt Staubgefäß und das Sie-Organ Stempel. Es gibt immer *einen* Stempel und *mehrere* Staubgefäße.

Oben auf dem Staubgefäß ist Blütenstaub. Wenn sich Blütenstaub auf der klebrigen Narbe des Stempels festsetzt, wächst ein schmaler Schlauch in den Stempel hinein. Denn da unten liegt das Ei bereit.

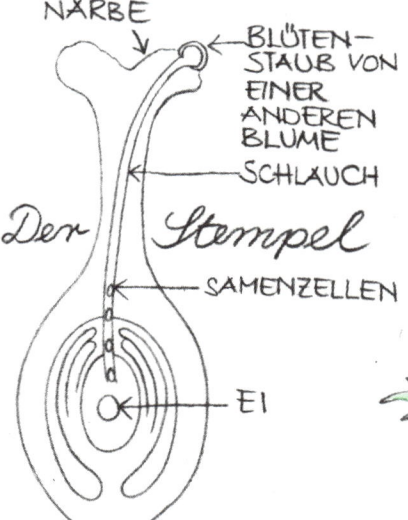

NARBE
BLÜTEN-STAUB VON EINER ANDEREN BLUME
SCHLAUCH
Der Stempel
SAMENZELLEN
EI

Durch den Schlauch bewegen sich dann Samenzellen (Er-Zellen) hinunter zum Ei. Eine von ihnen verschmilzt mit dem Ei, und nun ist das Ei *befruchtet!*

Aus dem befruchteten Ei bildet sich ein *Samen.* Wenn er eingepflanzt wird, kann er keimen. Und das Gewächs, das *dann* entsteht, ist ein *neues* Individuum.

Oh, ich habe etwas vergessen!

Häufig genügt der Blütenstaub von *derselben* Blume nicht. Nein, der Stempel braucht Blütenstaub von einer *anderen* Blume der gleichen Art, wenn etwas daraus werden soll.

Hummeln und Bienen

Wie kommt nun der Blütenstaub von einer Blume zur anderen? Manchmal wird er hinüber *geweht.* Aber oft sind es Insekten, die Blütenstaub von einer Blume zur anderen tragen.

Zum Beispiel Hummeln und Bienen.

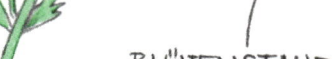

BLÜTENSTAUB

Die Blume lockt die Hummel mit einem süßen Saft, dem *Nektar.* Die Hummel setzt sich auf die Blume und saugt den Nektar ein. Gleichzeitig bleibt etwas Blütenstaub im »Pelz« der Hummel hängen. Und dann fliegt sie weiter zur nächsten Blume. Und dort verliert sie ein wenig Blütenstaub.

Die Hummel denkt natürlich nicht *daran.* Für sie ist nur der Nektar wichtig.

ANSTELLE VON HUMMELN SIEHE SEITE 57

In einem Geschäft habe ich eine Holzkiste bekommen. Die ist aus China. Früher war da mal Seife drin. Jetzt wurde sie mein Mini-Garten.

Zuerst mußte ich sie abdichten, damit beim Gießen kein Wasser auf die Fensterbank läuft.

In der Samenhandlung kaufte ich extradickes schwarzes Plastikmaterial.

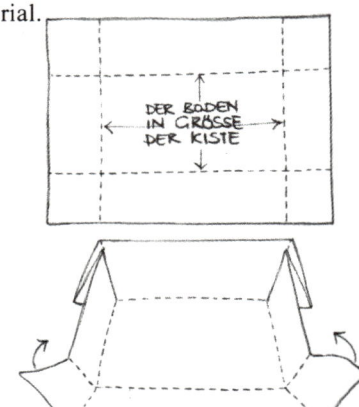

DER BODEN IN GRÖSSE DER KISTE

Vorsichtig legte ich das Plastik in die Kiste (es durften keine Löcher hineinkommen) und befestigte es mit Heftzwecken am oberen Rand der Kisten (nicht unten, das gäbe Löcher).

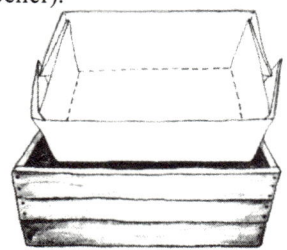

Und so füllte ich die Kiste:

2CM ← BIS HIERHER FÜLLEN

ERDE ← FEUCHT, ABER NICHT NASS

3CM ← LEHMKUGELN UND HOLZKOHLE

Die Lehmkugeln (sie werden auch Leca-Kugeln genannt) saugen alles überschüssige Wasser auf. Die Kiste hat ja kein Loch im Boden. Wenn man nachlässig ist, könnte es in der Kiste zu faulen anfangen. Die Holzkohle zwischen den Lehmkugeln sorgt dafür, daß kein Schimmelpilz entsteht, der Erde und Wurzeln angreift.

»Samenerde« (mit Sand gemischt) ist am besten für so eine Kiste geeignet. Für meine brauchte ich ungefähr 15 kg Samenerde. (Plastikfolie, Lehmkugeln, Holzkohle und Erde gibt es in der Samenhandlung.) Wie man die Kiste füllt, siehst du oben.

MIT EINEM GEWÖHNLICHEN ESSLÖFFEL KANN MAN GUT PFLANZEN.

Garten an!

Im Bild beschriftet:

PALME UND MYRTE VON BLÜMLE — FLEISSIGES LIESCHEN

KLEINE STEINE

LEHMKUGELN

SPIEGEL-SEE

AFFEN-BERG

SCHNITTLAUCH-SCHILF — APFELSINEN-BAUM — KAKTUS — MAUER-PFEFFER

Pflanzen und Pflanzen

Weil ich in meinem Gärtchen auch einmal etwas ändern möchte, setzte ich einige Gewächse mit Topf in die Erde. Sonst kann man auf den Topf verzichten.

In so eine Kiste sollte man möglichst Gewächse pflanzen, die ungefähr gleichviel Wasser brauchen. Und keine kleinen Pflanzen.

Besonders oft gieße ich den Schnittlauch, der auch oft geschnitten werden will; sonst welkt er. Der Kaktus und der Mauerpfeffer bekommen weniger Wasser, weil sie ja Gewächse der Wüste sind.

Das Fleißige Lieschen wächst natürlich schneller als alle anderen. Nach einigen Monaten mußte ich sie aus der Kiste nehmen, damit sie den anderen Pflanzen nicht das Licht wegnahm.

LIESCHEN HAT LÄUSE!

Ungeziefer,

Fast jeder, der Topfpflanzen zieht, bekommt auch einmal Ungeziefer. Sogar Blümle.

Blümle behauptet, das komme daher, daß die Pflanzen mit irgendwas unzufrieden seien. Es kann das Wasser sein oder die Temperatur oder das Licht. Oder sie stehen im Zug. Aber man muß nicht mit dem Ungeziefer leben.

Lieschen hat Läuse! Hilfe!

Eines Tages entdeckte ich kleine Tiere auf Lieschens neuen Blättern und Knospen. Ich holte sofort mein Vergrößerungsglas und schaute sie an. Igitt!

Dann rief ich Blümle an.
»Hilfe, was soll ich machen? Auf Lieschen kriechen kleine Tiere herum!«

»Sind sie hellgrün?« fragte Blümle.
»Und etwa einen Millimeter groß?«
»Ja, ih, ja!« sagte ich.
»Dann sind es Blattläuse«, sagte Blümle. »Ganz gewöhnliche Blattläuse. Ich komme.«
Blümle brachte Seife und eine Pinzette mit.
»Darf ich mal sehen«, sagte er. »Wenn es nicht zu viele sind, können wir sie mit der Pinzette entfernen.«
»Ich kann das aber nicht«, sagte ich.

SEIFEN-LAUGE

»Dann nehmen wir lieber die Seifenlauge.«
Und dann tauchten wir das ganze Lieschen in Seifenlauge. (Es muß echte alkalifreie Seife sein, Ölseife, 10 Gramm auf einen Liter lauwarmes Wasser.) Als wir Lieschen herausnahmen, waren die Läuse weg. Um sicherzugehen, daß sie ganz weg waren, duschten wir alle Töpfe, die in Lieschens Nähe gestanden

ein trauriges Kapitel

hatten, im Badezimmer unter lauwarmem Wasser ab (ohne Seife).
Wo Lieschen gestanden hatte, klebte die Fensterbank.
»Das sind die Ausscheidungen der Läuse«, sagte Blümle.

Und dann wuschen wir die Fensterbank und das Fenster mit Seife. Zum Schluß stellten wir Lieschen in eine große Plastiktüte. Blümle zündete sich eine Zigarette an und blies Rauch in die Tüte. Dann machten wir sie schnell zu, und so mußte Lieschen einige Stunden stehen. Armes Lieschen, das gefiel ihr sicher nicht. Aber es half gegen Blattläuse. Dann erzählte Blümle von anderen Arten Ungeziefer.

Hier hast du ein Läuse-

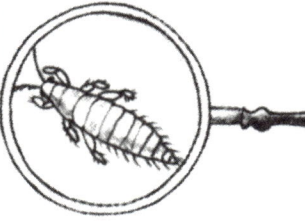

WEISSE FLIEGE

1,5 mm groß mit weißen Flügeln, der Körper mit weißem Wachs »gepudert«. Die Fliege und ihre Larven sitzen auf den Unterseiten der Blätter und saugen die Pflanze aus. Gegen die Fliege selbst hilft kein Seifenwasser, weil sie wegfliegt.

BLASENFUSS

sind 1 mm große Insekten und schwer zu erkennen, wenn sie ausgewachsen herumfliegen. Larven und Puppen sind leichter auf den Unterseiten von Blättern auszumachen. Die Larven verursachen helle gelbe Flecken, weil sie Saft aus den Blättern saugen. Pflanzen oft abduschen, lüften und nicht zu warm stellen.

BLATTLÄUSE

Die gewöhnlichen Blattläuse sind hellgrün. Sie halten sich gern auf Keimspitzen, Blütenknospen und neuen kleinen Blättern auf. Blattläuse sitzen besonders gern auf Fleißigen Lieschen. Mit Seifenlauge behandeln. Einen anderen Trick kannst du auf Seite 58 nachlesen!

WEISSE WÜRMER

leben auf modernden Pflanzenteilen, wie zum Beispiel an Wurzeln, die verfaulen, wenn zuviel Wasser im Topf ist. Die Maden verschwinden, wenn du die Erde austrocknen läßt, bevor du sie das nächste Mal (vorsichtig) gießt. Wenn sie noch schneller verschwinden sollen, leg ein Stück Zigarette auf die Erde und gieß. Das giftige Nikotin im Wasser tötet die Maden.

Lexikon

SCHILDLÄUSE

Sie greifen gern schwache Pflanzen an, die krank sind oder zuviel gedüngt worden sind. Sie sind schwerer zu bekämpfen als Blattläuse. Wenn Schildläuse ausgewachsen sind, verbergen sie sich unter einem kleinen harten ovalen Panzer. Sie bohren ihren Saugrüssel in die Pflanze und holen Saft heraus. Dann bekommt das Blatt einen hellen Flecken. Unter dem Panzer bilden sich Junge. Schildläuse in großen Mengen können eine Pflanze total aussaugen.

SPINN-MILBEN

sind orange-rot und sehr klein, nur 0,5 mm groß. Sie saugen Nahrung aus der Unterseite der Blätter. Die Blätter werden graugelb und fallen ab. Die Pflanze wird wie von Spinnnetzen überzogen, wenn sie von sehr vielen Spinnmilben befallen ist.

BAUMWOLL-LÄUSE

Es ist schwer, sie loszuwerden. Sie sind rötlich und von einer Art Wachs überzogen. Sie sehen aus wie mit Mehl bestäubt. Die weiblichen Baumwolläuse hinterlassen weiße Bäusche, in denen sie ihre Eier ablegen. Entferne die Bäusche und pinsle die Läuse mit einer Mischung halb Wasser, halb Spiritus ein.

Über Gifte

In Blumengeschäften und Samenhandlungen bekommt man giftige Bekämpfungsmittel, mit denen man das Ungeziefer einsprühen kann. Aber bevor du spritzt, probier erst die Tips aus, die wir dir hier gegeben haben: Seifenlauge, duschen, Spiritus. Oder versuch, das Ungeziefer mit einer Pinzette oder einem Stöckchen abzukratzen.

Wenn alles nichts hilft,

dann frag im Geschäft, welches Bekämpfungsmittel du nehmen sollst. Beachte die Gebrauchsanweisung. Und achte in Zukunft auf Ungeziefer. Je eher du anfängst, die Tiere zu bekämpfen, desto eher wirst du sie los, bevor es zu viele werden.

Ich räume bei

Ich will dir mal ein Bild zeigen, das ich in einem alten Buch gefunden habe.

»Das Farnkrautzimmer« Belgien um 1850

Wenn es bei mir so aussähe! Das geht aber leider nicht, denn ich wohne in einem gewöhnlichen Zimmer. Es ist nicht sehr groß, und es hat ein gewöhnliches Fenster.
Es geht nach Norden, und das ist gut so, denn in Süd-Fenstern bekommen Pflanzen leicht zuviel Sonne.
Anfangs stellte ich die Töpfe einfach auf die Fensterbank. Aber die reichte bald nicht mehr aus, so daß ich neue Plätze finden mußte. Hier einige Tips für dich.

Obstkisten eigenen sich gut

Ich stelle sie vors Fenster und Blumen darauf. Sie müssen so hoch sein, daß die Pflanzen genügend Licht bekommen. Drinnen in der Kiste verwahre ich die Sachen für die Blumenpflege.

Pelargonien habe ich in einem Korb

Dann sind sie leicht hin und her zu bewegen, wenn ich das Fenster öffne.

den Blumen auf

JANUAR   JULI
FEBRUAR   AUGUST
MÄRZ   SEPTEMBER
APRIL   OKTOBER
MAI   NOVEMBER
JUNI   DEZEMBER

LEINE

Auf einem Tisch am Fenster

habe ich mehrere Kisten stehen. Die Pflanzen, die am weitesten vom Fenster entfernt sind, stehen auf einer extra Kiste, damit sie keinen Schatten haben.

Meine Samentüten

habe ich in einem Holzkästchen gesammelt, in dem mal Tee gewesen ist.

ROSEN
GINA

MEINE
SAMEN

Palme im Glas

Warum ich meine Palme da hinein gestellt habe? Es sah einfach lustig aus!

Auf einer Wäscheleine

hänge ich meine Lieblingsbilder mit Wäscheklammern auf. Leicht auszuwechseln! Keine Spuren an der Wand!

Vorsicht bei Kälte!

Im Winter mußt du besonders sorgsam mit deinen Blumen umgehen, die auf der Fensterbank stehen.

Achte darauf, daß die Fenster gut schließen. Blumen mögen keinen Zug!

Wenn du im kalten Winter lüftest, nimm erst die Blumen von der Fensterbank, sonst erkälten sie sich!

Genau wie ich aus meinen Kleidern herauswachse, wachsen die Pflanzen aus ihren Töpfen. Dann muß man sie auswechseln und in größere Töpfe setzen.

Die meisten Blumen pflanzt man am besten Ende Februar um. Dann ist die Winterruhe vorbei. Sie haben wieder angefangen zu wachsen und werden im neuen Topf leichter Wurzeln schlagen.

Ist es soweit?
Das prüft man so:

Zunächst muß die Pflanze begossen werden. Leg die Handfläche auf die Erde und halt den Stamm fest. Den Topf über Kopf halten. Wenn sich die Erde nicht löst, kannst du den Topf vorsichtig gegen eine Tischkante schlagen. Schau dir jetzt den Erdklumpen an:

1. Zu früh zum Umpflanzen. Es sind fast keine Wurzeln zu sehen.

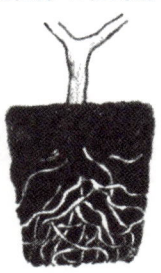

2. Zeit zum Umpflanzen. Viele Wurzeln gucken heraus. Der Erdklumpen fällt nicht auseinander.

3. Zu spät. Arme Blume. Sie hat fast keine Erde mehr. (Pflanze sie aber trotzdem um; vielleicht klappt's noch!)

So pflanzt man um:

Man breitet eine Zeitung aus, legt eine Topfscherbe auf den Boden des neuen, größeren Topfes und entfernt soviel alte Erde von der Pflanze wie möglich, *ohne* den Wurzeln zu schaden. Man hält die Pflanze so, daß sie in der *Mitte* des neuen Topfes steht (in der gleichen Höhe wie im alten), füllt den Topf mit neuer Erde und drückt sie fest, aber nicht *zu* fest. Ungefähr 2 cm bis zum Topfrand müssen freibleiben. Mit ein bißchen zimmerwarmem Wasser gießen.

BIS HIERHER MIT NEUER ERDE FÜLLEN

NEUE ERDE

SCHERBE

Für die ersten Tage eine Haube

Eine durchsichtige Plastiktüte mit Luftlöchern ist eine gute Starthilfe für die Blume.
Wenn du keine Plastiktüte überstülpst, solltest du auf jeden Fall die Blätter mit Wasser aus einer Sprühflasche bespritzen. Die Blume darf nicht austrocknen. Aber während der ersten Tage nicht zuviel gießen, weil die Wurzeln Luft brauchen.

Welchen Topf soll ich nehmen?

Es gibt Tontöpfe, und es gibt Töpfe aus Kunststoff. Blümle weiß auch nicht, welche besser sind. Aber einiges sollte man darüber wissen: *Tontöpfe* sind gut, weil sie Luft an die Wurzeln durchlassen. Aber die Erde trocknet etwas schneller. *Kunststofftöpfe* sind leicht und billig, aber sie sind luftundurchlässig. Die Erde trocknet nicht so leicht aus, dafür mußt du weniger gießen. Ich habe fast nur Tontöpfe, weil ich sie hübscher finde. Wenn du dich auch für Tontöpfe entscheidest, beachte folgendes:
1. Neue Töpfe sollten mindestens 24 Stunden im Wasser stehen, bevor du sie bepflanzt. Sonst nehmen sie der Pflanze das Wasser weg.
2. Den Topf *nicht* anmalen. Dann wird er luftundurchlässig.

Topfscherbe auf den Boden!

Immer eine oder mehrere Scherben auf den Boden legen. Sie verhindern, daß Erde und Wurzeln herauskommen, und sorgen dafür, daß Wasser ablaufen kann.

Kresse – leicht

Ich habe Kresse-Samen auf Baumwolle gesät, die auf einem Plastikdeckel liegt. Zuerst habe ich die Baumwolle ordentlich naß gemacht. Dann stellte ich die Kressezucht auf die Fensterbank und achtete darauf, daß die Baumwolle immer feucht war.

Schon bald konnte ich ernten. Vorsichtig schnitt ich das Grüne ab.

Jetzt will ich erzählen, was man alles mit Kresse machen kann:

Kresse-Ei

Ein Ei hart kochen (10 Minuten), in kaltem Wasser abspülen. Das Ei pellen und der Länge nach durchschneiden.
Das Eigelb herauslösen, in eine Schale geben und mit ein wenig Majonäse oder Sahne, Salz und Pfeffer und viel Kresse verrühren.

Dann fülle ich das Ganze wieder ins Ei. Lecker!

und lecker

Kresse-Käse

Einen Becher Dickmilch (oder Schwedenmilch) in einen Kaffeefilter gießen und auf einen Becher stellen. 24 Stunden warten. Wenn die 24 Stunden um sind, wirst du sehen, daß viel Flüssigkeit, die Molke, in den Becher geflossen ist. Die Dickmilch (Schwedenmilch) ist jetzt dicker und fester. Sie ist zu Käse geworden.

Mit Salz und Pfeffer und viel Kresse würzen. Du kannst auch andere Kräuter ausprobieren, italienische Salatkräuter z. B.

BLÜMLE MAG KNOBLAUCH! DA IST MIR WAS EINGEFALLEN...

Mir fiel ein, daß ich Blümle ein Glas Kresse-Käse zum Geburtstag schenken könnte! Ich preßte eine frische Knoblauchzehe in seinen Käse (das schmeckt besser als Knoblauchpulver). Und dann band ich zur Zierde ein Stückchen Stoff über den Deckel.

LINNÉAS KRESSE-KÄSE

ICH HABE DIE HALBE ROSE GRÜN GEFÄRBT!

WASSER MIT GRÜNER FARBE

FARBLOSES WASSER

Ehre, Blümle!

Doch Blümle bekommt noch ein Geschenk: eine Rose, halb weiß, halb grün gefärbt. Das ist wirklich *wahr*! Ich teilte den Stiel und steckte die eine Hälfte in Wasser mit grüner Farbe. Die andere Hälfte bekam gewöhnliches Wasser.

Nach ein paar Stunden war genau die eine Hälfte der Rose grün geworden.

Das ist gar nicht komisch: Die Rose saugt das Wasser durch kleine dünne Röhrchen im Stiel. Die Röhrchen in der einen Hälfte des Stiels versorgen die eine Hälfte der Blätter und Blütenblätter mit Wasser, und die im anderen Teil versorgen den Rest. (Das geht natürlich genauso gut mit anderen Blumen und anderen Farben.)

»Habe die Ehre, Blümle«, sagte ich.

Das Blumen

Wie man Kerne überlistet

Einige Kerne können nicht keimen, wenn sie den Winter über nicht ruhen durften.

So ist das zum Beispiel mit Kirschen, Pflaumen, Äpfeln, Birnen und Haselnüssen.

Aber man kann die Kerne überlisten und sie glauben machen, es sei schon Winter gewesen. Das geht so: Die Kerne in Sand legen und drei Monate in den Kühlschrank stellen (*nicht* ins Tiefkühlfach). Dann kannst du sie einpflanzen.

Kerne mit dicker Schale

kann man mit Sandpapier abschleifen, ehe man sie einpflanzt. Dann keimen sie schneller, weil das Wasser leichter durch die Schale dringt. Das gilt zum Beispiel für Aprikosen, Pfirsiche, Oliven und Walnüsse.

Dattelkerne trödeln

Es kann *sehr* lange dauern, ehe sie keimen. Ich kenne jemanden, der mußte ein ganzes Jahr warten, bis sie herauskamen.

Aber man kann die Kerne in ein Glas mit feuchter Baumwolle legen. Das Glas muß offen bleiben und warm stehen, und die Baumwolle muß immer feucht sein.

Extralicht von einer Glühlampe

Wenn du Angst hast, daß deine Pflanzen zu wenig Licht bekommen, solltest du ihnen Extralicht geben. Du kannst eine gewöhnliche Lampe nehmen, aber besser ist eine besondere Lampe, deren Licht dem des Tages gleicht. Sie heißt Neodyn-Lampe, und man kann sie im Fachhandel kaufen. Leider ist sie viel teurer als eine gewöhnliche Glühlampe.

Den Stock nicht wegwerfen!

Viele Menschen schenken einander zu Weihnachten Christsterne. Das sind Pflanzen mit knallroten und grünen Blättern. Anfangs sind sie sehr hübsch. Aber dann fallen die Blätter ab, erst die roten, dann die grünen. Viele Leute werfen die Pflanze dann weg.

Aber ich hab' eine behalten. Ich habe alles abgeschnitten, so daß nur das Stöckchen übrigblieb.

Schon im April erholte sie sich. Neue grüne Blätter kamen, allerdings keine roten und keine Blüten.

Man *kann* sie auch zum Blühen bringen. Am besten, du schaust in einem Buch über Topfpflanzen nach, wie man es macht.

56

Blatt

In einem alten Buch

habe ich dieses Bild gefunden. Es ist von 1850. Mein eigener kleiner Kreislauf (siehe Seite 30) war also gar nichts Neues. Aber mir tun die eingesperrten Tiere leid.

Anstelle von Hummeln

Wenn man Blütenstaub von einer Blume auf eine andere übertragen will und keine Hummeln da sind (zum Beispiel im Haus), dann kannst du selbst mit einem Pinsel nachhelfen.

Mutter und Kind

Ich habe eine süße Topfpflanze gesehen, die ich mir im nächsten Frühjahr anschaffen will, wenn es sie in den Geschäften gibt. Sie heißt »Mutter und Kind«. Das Kind wächst auf dem Blatt der Mutter.

Wie lange kann man Samen aufbewahren?

Das ist unterschiedlich bei den verschiedenen Arten. Es ist am besten, sie im selben Jahr zu pflanzen, in dem man sie gekauft hat. Kressesamen kann man mehrere Jahre aufbewahren. Wenn der Samen luftdicht verwahrt wird, lebt er länger. Deswegen konnte man auch mehrere hundert Jahre alten Samen zum Keimen bringen, wenn sie in alten Torfmooren oder trockenem Sand begraben waren.

Ein Experiment:
Ohne Sonne nichts Grünes

Ich fand eine Kartoffel, die im Dunkel der Speisekammer gekeimt hatte. Die Keime waren weiß. Als ich die Kartoffel hinaus in die Sonne legte, wurden die Keime bald grün.

Das Blumen blatt

Lieschen gibt es auch als Samen

Ich kaufte eine Tüte Samen. Und säte sie. Und heraus kamen die süßesten Lieschen der Welt, die genauso gut wuchsen wie Ableger (siehe Seite 20).
(Es gibt auch Pelargonien-Samen, aus dem schöne Blumen werden.)

Ich bepflanzte viele Töpfe mit Lieschen. Ein feines Mitbringsel.

Marienkäfer sind nützliche Tiere. Sie fressen Blattläuse und Schildläuse. Wenn du also einen Marienkäfer findest, nimm ihn mit nach Hause zu deinen Topfpflanzen, ich meine, wenn du Ungeziefer hast. Wenn du Gift spritzt, denk daran, daß auch Marienkäfer davon sterben.

Es ist nicht wahr

daß man Ableger *stehlen* muß, damit sie gut wachsen, wie manche Leute behaupten. Es ist besser, erst zu fragen.

Artischocken nicht wegwerfen

Leg sie ans Fenster und laß sie aufgehen. Sie werden sehr hübsch!

Weißer Belag

auf Tontöpfen ist normal und nicht gefährlich.

Kieselsteine auf dem Teller

sorgen dafür, daß die Pflanze niemals »mit den Füßen im Wasser« steht. Kies tut es auch.

Was stimmt hier nicht?

In der linken Spalte zählen wir auf, was alles mit einer Pflanze passieren kann. Wenn du der Zeile nach rechts folgst und auf ein grünes Kreuz stößt, folge der Zeile *nach oben*, dort findest du eine mögliche Ursache für die Veränderung. Oft gibt es mehrere Gründe.

URSACHEN → / VERÄNDERUNGEN ↓	Zu viel Wasser	Zu wenig Wasser	Zu trockene Luft	Zu dunkel	Zu sonnig	Zu kalt	Zugig	Zu wenig Dünger	Zu viel Dünger	Will umgetopft werden	Will beschnitten werden	Ungeziefer
Verliert Blätter		X	X				X					X
Läßt die Blätter hängen	X	X			X				X	X		
Wird gelb	X	X		X	X		X		X			
Kleine bleiche Blätter				X		X		X		X		X
Will nicht wachsen						X	X	X		X		
Die Blattränder trocknen		X	X									
Will nicht blühen				X			X		X			
Groß und dünn				X							X	
Helle Flecken					X							X
Löcher im Blatt												X
Weiße Wollbüsche »Spinnweben«												X
Klebrig auf der Fensterbank												X

ES GIBT SICHER NOCH MEHR VERÄNDERUNGEN UND URSACHEN

...ABER DIE HIER HABEN WIR HERAUSBEKOMMEN. TSCHÜSS!

Die wunderschönen farbigen Kindersachbücher bei C. Bertelsmann.

Christina Björk/Lena Anderson
Die schnellste Bohne der Stadt
Wir pflanzen Kerne, Samen und Früchte
Die kleine Linnéa mag alles, was keimt und grünt und blüht – eine Gärtnerin aus Liebe.
64 Seiten mit zweifarbigen Illustrationen. Ab 8 Jahre.
Das Kinderbuch des Monats Juli '80 der Deutschen Akademie für Kinder- und Jugendliteratur e. V.

Linnéas Jahrbuch
Von Januar bis Dezember liefert Linnéa Anregungen für Spiele, die nichts kosten, aber großen Spaß machen. Sie sammelt alles, was ihr in die Hände fällt, und aus dem ganzen Kram, der sich dann in ihrem Zimmer angehäuft hat, bastelt sie, wenn die Abende wieder länger werden, die schönsten Weihnachtsgeschenke für ihre Freunde.
64 Seiten mit durchgehend vierfarbigen Abbildungen. Ab 9 Jahre.
Deutscher Kindersachbuchpreis 1984.

Linus läßt nichts anbrennen
Mit Linus kochen und backen – das ist ein Spaß! Er zeigt nicht nur, wie man es macht, sondern auch, was dabei geschieht. So erfahren Kinder ganz nebenbei, warum es nicht gutgehen kann, wenn man immer nur Spaghetti mit Würstchen ißt.
64 Seiten mit durchgehend vierfarbigen Abbildungen. Ab 10 Jahre.

Linnéa im Garten des Malers
In den Bildern dieses Buches und in seiner Geschichte machen wir die Reise und die Entdeckungen mit, die Linnéa im Garten des Malers Claude Monet macht. Wir lernen seinen Garten und seine Bilder kennen. Linnéa kann uns alles prima erklären.
64 Seiten durchgehend vierfarbig. Ab 10 Jahre.
Deutscher Jugendliteraturpreis 1988 – Kindersachbuch.

Ulf Svedberg/Lena Anderson
Maja auf der Spur der Natur
Ein Naturbuch für Kinder, das alle Anforderungen erfüllt: unterhaltsam, lehrreich, ohne belehrend zu wirken, und anregend, zum Nachmachen und Mitmachen auffordernd.
56 Seiten mit durchgehend vierfarbigen Abbildungen. Ab 8 Jahre.
Elsa-Beskow-Medaille 1984. 2. Platz der Mai-Liste »Bunter Hund«.

Lena Anderson
Majas blühendes Notizbuch
Ein Wiedersehen mit Maja ganz besonderer Art: auf 26 farbigen Doppelseiten führt sie uns durch ein Pflanzen- und Blumenalphabet, wie man es sich phantasievoller, romantischer und schöner nicht vorstellen kann: Ganzseitige Bilder von der betreffenden Pflanze, mit Maja und ihren Freunden, und dazu kleine lustige Vignetten, auf denen es sehr viel zu entdecken gibt.
6 Seiten mit durchgehend vierfarbigen Abbildungen. Ab 8 Jahre.